Den ganzen Winter träumte
der Igel von der Schildkröte.

Der Winter war lang
ohne eine Freundin.

Lass dich drücken!

Eoin McLaughlin ♥ Polly Dunbar

Aus dem Englischen von Stefanie Jacobs

Insel

Ohne eine Umarmung.

Doch dann kitzelte die Sonne dem Igel die Ohren,
und es war endlich Frühling …

Doch wo war die Schildkröte?

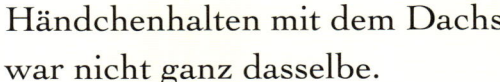

Händchenhalten mit dem Dachs
war nicht ganz dasselbe.

»Ist nur Marmelade.«

Am Strand mit der Elster war's bloß halb so schön.

»Nur noch zehn Stück, bitte.«

Und so gern er das Eichhörnchen mochte,
Versteckenspielen war nicht seine Stärke.

Der Igel suchte überall.
Er drehte jeden Stein um.
(Nur nicht die schweren.)

Aber vergebens.

»Ach, wär doch die Schildkröte hier!«

»Je länger vermisst,
desto schöner begrüßt«,
sagte die Eule.

»Aber ich kann
nicht mehr warten!«,
sagte der Igel.

»Oh je«, sagte die Schildkröte.
»Ich muss verschlafen haben.«

Ich hab von dir geträumt.

Und von der dicksten, längsten
und knuffeligsten Umarmung …